DER MÜ
VON TRIP

D1669066

Das Wildparadies

von

Sascha Ehlert
Christel Fischer
José Antonio Martin Vilchez

TITUS
VERLAG

Copyright by
Titus Verlag, Wiesbaden, 2013

Text:
Sascha Ehlert, Christel Fischer

Illustrationen:
José Antonio Martin Vilchez

Gedruckt in Deutschland

1. Auflage 2013

Bibliografische Information der Deutschen Bibliothek
Die Deutsche Bibliothek verzeichnet diese Publikation in der
Deutschen Nationalbibliografie; detaillierte bibliografische Daten
sind im Internet über http://dnb.ddb.de abrufbar.

ISBN 978-3-942277-38-9

AN DIESEM WOCHENENDE wacht der Müller von Tripsdrill schon sehr, sehr früh am Morgen auf und kann nicht mehr richtig einschlafen. Er wälzt sich in seinem Bett hin und her und her und hin. Geräusche aus dem nahegelegenen Wald stören seinen erholsamen Schlaf. Irgendwann muss er doch wieder eingeschlafen sein, denn als er die Augen öffnet und auf die Uhr schaut, ist es schon kurz nach zehn – und immer noch hört er diese ungewohnten Geräusche. Das lässt ihm keine Ruhe. Er beschließt, der Ursache dieser seltsamen Laute auf den Grund zu gehen.

Entschlossen zieht er sich an und ruft seinen Freund Drolli, das Eichhörnchen, herbei. Dieser klettert geschickt auf seine Schulter. Gemeinsam machen sich die beiden Freunde auf den Weg in den Wald.

Noch etwas schläfrig läuft der Müller mit Drolli in die Richtung, aus der das Geräusch kommt. Unweit dieser Stelle sagt der Müller zu dem Eichhörnchen: »Hör mal,… das klingt wie ein Quieken. Findest du nicht auch? Was kann das bloß sein?«

Je näher sich Drolli und der Müller heranschleichen, desto lauter und deutlicher können sie das seltsame Fiepen hören. Als sie nur noch ein paar dicke Bäume von dem Rascheln trennen, bleiben sie auf einmal wie angewurzelt stehen: Drei kleine Frischlinge

springen ängstlich und unbeholfen durch das Unterholz. Sie suchen Futter und quieken dabei ziemlich laut - so laut, dass es sogar der Müller in seiner Mühle hören konnte.

»Wo ist denn bloß die Bache?«, flüstert er vor sich hin. »Die Mutter der Wildschweine muss doch auch irgendwo hier sein.«

Lange warten der Müller und das Eichhörnchen hinter einem Baumstamm, aber die Bache ist nirgends zu sehen. Die Jungtiere werden immer unruhiger. Dem Müller wir langsam klar, dass er etwas unternehmen muss. Er kann jetzt nicht einfach nach Hause gehen, die Hände in den Schoß legen und die Frischlinge sich selbst überlassen. »Drolli, was können wir tun? Bestimmt haben die Kleinen furchtbar Hunger. Weißt du was? Wir sammeln einfach einige Beeren für sie.«

Zufälligerweise hat der Müller eine kleine Tüte dabei. Die beiden beginnen, eifrig Beeren zu pflücken. Als der Müller und Drolli die Tüte voll haben, kehren sie zu den Frischlingen zurück. Noch immer ist die Mutter der jungen Wildschweine nirgends zu sehen. Vorsichtig und ganz langsam bewegt sich der Müller auf die Wildschweinkinder zu. Dabei hält er ihnen eine Hand voll leckerer Waldbeeren entgegen. Ganz vorsichtig kommen sie etwas näher und schnüffeln neugierig an den Früchten. Es dauert nicht lange, bis eines der Jungschweine von den Früchten probiert. Nach kurzem Zögern trauen sich auch die beiden anderen Tiere, davon zu fressen. Die drei können gar nicht mehr genug bekommen. Sie fressen und fressen und schmatzen vergnügt dabei. So hungrige Frischlinge hat der Müller noch nie zuvor gesehen.

»Na, ihr drei Racker«, lacht der Müller, »gefällt es euch bei mir? Ich habe eine tolle Idee.«

Mit flinken Bewegungen scharrt der Müller von Tripsdrill eine Kuhle in den Boden, in der die drei Frischlinge genügend Platz haben, um sich hineinzulegen und sich eng aneinander zu kuscheln.

Außerdem sind die kleinen Wildschweine in der Kuhle besser vor dem Wind geschützt. Er weiß, dass sein Wald ein echtes Paradies für Tiere ist. »Drolli, wenn wir die Frischlinge täglich füttern, dann bleiben sie bestimmt gerne hier bei uns. Wäre das nicht toll?«, fragt der Müller zufrieden.

Das fröhliche Quieken der Frischlinge ist weit in den Wald hinein zu hören. Erzählungen über den tollen Wald des Müllers in Tripsdrill verbreiten sich wie ein Lauffeuer in der Gegend. Ein Hirsch, der davon hört, wandert mit seiner Herde zu dem Waldstück. Der schlaue Fuchs schnappt sich seine Familie und macht sich ebenfalls auf den Weg in den Wald des Müllers, um sich dort ein neues Zuhause zu suchen. Viele andere Tiere folgen ihnen.

Der Müller freut sich über jedes Tier, das kommt. Schließlich hat er in seinem schönen Wildparadies genügend Platz für alle.

Eines Tages kommen ein paar Kinder zu dem Müller, die mit ihren Eltern im Erlebnispark zu Besuch waren und fragen: »Du, lieber Herr Müller, dürfen wir auch mal in dein Wildparadies und die vielen tollen Tiere ansehen? Wir haben gehört, da gibt es jede Menge zu sehen und viel zu lernen.«

»Aber ja, natürlich«, antwortet der Müller spontan. »Kommt mit. Ich zeige euch alles.«

Als er die Kinder durch sein Wildparadies führt und sieht, wie begeistert sie von den Tieren sind und wie viel Spaß es ihnen macht, die Tiere zu füttern, kommt ihm eine neue Idee: »Es wäre doch toll, wenn die Besucher des Erlebnispark Tripsdrill auch hier in meinem schönen Wildparadies übernachten könnten. So mitten im Wald – bei den Tieren. Das wäre doch wunderbar.«

Schon wenige Tage später beginnt der Müller mit dem Bau von einigen Schäferwagen. Als er damit fertig ist, beginnt er mit der Planung von ganz tollen Baumhäusern. Vom Bau der Mühle ist er schwere Arbeit gewohnt. Doch ein Haus in einen Baum zu bauen, das ist eine neue und große Herausforderung für ihn.

Hin und wieder kommen Leute vorbei und erkundigen sich, was er da tut. Dann antwortet er stolz: »Das werden schöne Baum-

häuser. Darin sollen meine jungen und alten Besucher ganz viel Spaß haben. Hier zu schlafen, soll für meine Gäste ein ganz besonderes Erlebnis sein.«

Und wahrlich, nicht nur die Schäferwagen, in denen sich tolle Betten für eine ganze Familie befinden, sind ihm gut gelungen, sondern auch die Häuser hoch oben in den Bäumen sind einzigartig geworden. Die Einrichtung ist komfortabel, und die Aussicht auf das Wildparadies ist wunderschön. In so einem schönen Baumhaus hat noch keiner zuvor übernachtet.

»Aber das Beste ist«, berichtet der Müller von Tripsdrill voller Stolz den Besuchern, »dass immer mehr Wildtiere kommen, um in meinem Wildparadies zu leben. Inzwischen sind Auerochsen, Wildpferde, Hirsche, Bären, Füchse, Wölfe und viele andere Tiere da, um meinen Frischlingen Gesellschaft zu leisten. Ist das nicht herrlich?«

Nur ein Tier vermissen der Müller und die Frischlinge immer noch besonders: die Mutter der jungen Wildschweine. Wo ist sie nur? Ihr wird doch nichts zugestoßen sein? Mit der Bache gemeinsam wäre das Leben der Frischlinge im Wildparadies noch viel, viel schöner.

Einige Tage später liegt der Müller noch ganz müde von der vielen Arbeit des Vortages im Bett. Da kommt sein kleiner Freund

Drolli ganz aufgeregt angerannt. Er hüpft ganz unruhig hin und her und signalisiert dem Müller, dass er mit ihm in den Wald kommen soll. Der Müller zieht sich schnell an und folgt dem Eichhörnchen. Als sie den Waldrand erreichen, hört der Müller ein Quieken. Das Geräusch kommt aber nicht aus der Richtung, wo die Frischlinge inzwischen ihre Bleibe haben, sondern aus einer ganz anderen Ecke.

›Hat sich einer der Frischlinge verlaufen und sucht den Weg zurück?‹, denkt der Müller erschrocken. Beim Näherkommen stellt er fest, dass dieses Quieken viel tiefer und lauter ist, als das der jungen Wildschweine. »Es muss sich ein älteres Tier am Waldrand herumtreiben,« flüstert der Müller dem kleinen Eichhörnchen auf seiner Schulter zu.

Das Eichhörnchen nickt und denkt nach.

»Guck mal, Drolli, die Bache dort, sie sucht doch etwas.« Der Müller überlegt und überlegt. »Und da, schau mal, … die Zeichnung ihres Fells, … die kommt mir irgendwie bekannt vor?« Da begreift der Müller mit einem Schlag und beginnt, besonders breit zu grinsen. »Komm, Drolli, wir müssen das Schwein in unser Wildparadies locken.«

Hastig sammeln die beiden leckere Beeren. Diese streuen sie auf den Boden, wie bei einer Schnitzeljagd – die Fährte soll die Bache

direkt zu den Frischlingen ins Wildparadies führen. Schmatzend geht die Bache Schritt für Schritt Richtung Wildparadies – zuerst sehr zögerlich und ängstlich, dann immer sorgloser. Sie erschnüffelt eine Beere um die andere. Als sie am Gehege der Hirsche vorbeikommen, blicken sich diese verwundert an. Sie überlegen: ›Was macht denn unser Müller mit diesem Wildschwein? Wir haben doch schon drei kleine freche Frischlinge in unserem Wildparadies. Wofür brauchen wir denn noch eins?‹

Als die Bache die drei Frischlinge entdeckt, ist sie ganz aus dem Häuschen. Sofort erkennt sie in den jungen Tieren ihre eigenen Kinder, die sie schon so lange gesucht hat. Sie war furchtbar traurig, als ihre Jungen plötzlich verschwunden waren. Jetzt ist sie überglücklich, diese wiedergefunden zu haben und grunzt und quiekt ganz fröhlich.

›Himmlisch!‹, denkt Drolli, und freut sich riesig, die Bache am Waldrand entdeckt zu haben. Auch der Müller strahlt über sein ganzes Gesicht. »Nun ist unser Wildparadies perfekt. Alle sind beieinander, und meine Besucher können endlich auch in Baumhäusern und Schäferwagen bei mir und den Tieren übernachten.«

Genauso ist es noch bis zum heutigen Tag. Jeder, der zu Besuch hierher kommt, hat eine tolle Zeit im Erlebnispark Tripsdrill sowie im schönen Wildparadies.

Wo kommt unser fleißiger Müller eigentlich her?

Im Erlebnispark Tripsdrill im schönen Schwabenland ist unser Müller zu Hause. Ringsum gibt es Wälder, Wiesen und Weinberge. Der Müller freut sich immer über Besuch in seiner Mühle. Im Park gibt es aber noch über 100 andere Attraktionen: Achterbahnen, Wasserbahnen und jede Menge lustigen Fahrspaß. Gute Laune macht auch eine Bootsfahrt über den